Teil 2

DEUTSCH HEUTE

COPYMASTERS

Duncan Sidwell and Penny Capoore

NEUE AUSGABE

Nelson

Thomas Nelson and Sons Ltd
Nelson House   Mayfield Road
Walton-on-Thames   Surrey
KT12 5PL   UK

51 York Place
Edinburgh
EH1 3JD   UK

Thomas Nelson (Hong Kong) Ltd
Toppan Building 10/F
22A Westlands Road
Quarry Bay   Hong Kong

Thomas Nelson Australia
102 Dodds Street
South Melbourne Victoria 3205
Australia

Nelson Canada
1120 Birchmount Road
Scarborough   Ontario
M1K 5G4   Canada

First published by Thomas Nelson and Sons Ltd 1991

ISBN 0–17–439554–X
NPN 9 8 7 6 5 4 3 2 1

Printed in Hong Kong

CONTENTS

① Die Disco

1

in die Disco gehen

2

tanzen   sich kennenlernen

3

um Telefonnummer bitten
aufschreiben auf + *accusative*
sich in den nächsten Tagen melden

4

Vater/Mutter warten
abholen
sich verabschieden

2 Der Diebstahl

1

warten auf + *accusative*   sich unterhalten
warten an + *dative*   um . . . zu . . .

2

einsteigen in + *accusative*
nehmen
stehlen (stiehlt, stahl, gestohlen) ihr . . .

3

sich davon machen
Kennzeichen notieren
schreien

4

einen Diebstahl melden
beschreiben

Deutsch Heute 2 © Duncan Sidwell and Penny Capoore 1991. Published by Thomas Nelson and Sons Ltd.

3 Der Umzug

1

wohnen – wo?   würde lieber
finden

2

in die Stadt umziehen   sich freuen auf + *acc. noun*
sich freuen zu + *verb*   sich verabschieden

3

einziehen

4

ausgehen   neue Schule besuchen
viel machen   sich am Abend amüsieren

Zimmer anstreichen

1

Zimmer anstreichen wollen
trübe Farben haben

2

in die Stadt fahren   Farben wählen
um . . . zu . . .

3

anfangen zu arbeiten   Möbelstücke in die Mitte stellen
den ganzen Tag arbeiten   anstreichen – was?

4

wieder in Ordnung bringen   das Zimmer trocknen
sich freuen   lassen

5

essen gehen   Restaurant aussuchen
ausgehen   zufrieden sein

Deutsch Heute 2 © Duncan Sidwell and Penny Capoore 1991. Published by Thomas Nelson and Sons Ltd.

Ingo fährt in die Schweiz

1 warten   regnen

2 halten   fragen   einsteigen

3 sich bedanken   Haltestelle suchen
aussteigen

4 nach Egliswil fahren   das Haus suchen
im Dorf aussteigen

5 grüßen   zufrieden sein
müde sein

6 sich duschen
sich auffrischen

7 schreiben an + *accusative*
eigenes Zimmer haben

6 Tagesablauf

1

aufstehen   sich waschen
sich anziehen   sich fertig machen

2

frühstücken

3

warten auf + *accusative*
sich treffen mit + *dative*   Hausaufgaben machen

4

Unterricht haben

5

in die Stadt fahren   sich etwas erzählen
ins Café gehen   etwas trinken/essen

6

sich verabschieden   Hausaufgaben machen
nach Hause fahren   etwas essen

Deutsch Heute 2 © Duncan Sidwell and Penny Capoore 1991. Published by Thomas Nelson and Sons Ltd.

7

Name	Alter	Größe	Augen	Haare	Figur
Beate	9	1,42 m	blau	grau	schlank
Karl	10	1,44 m	grün	braun	dick
Jens	11	1,49 m	grau	blond	rundlich
Anna	12	1,52 m	braun	schwarz	weder ... ... noch
Michaela	13	1,58 m		hell	
Heinz	14	1,60 m		dunkel	
Eva	15	1,62 m		glatt	
Georg	16	1,65 m		lockig	
	17	1,69 m		rötlich	
	18	1,73 m			
	19	1,77 m			

8

1,75 m

1,60 m

1,80 m

1,30 m

Bettina 16   Ute 15   Karl 17   Michael 10

Deutsch Heute 2   © Duncan Sidwell and Penny Capoore 1991. Published by Thomas Nelson and Sons Ltd.

9 Listen to the taped telephone message and note down the details which Ralf gives about the different people under the appropriate headings on the table given below. Then decide which summer school course would be the best for each of the applicants. The first example is filled in for you.

Name	Wohnort	Alter	Familien-stand	Hobby	Weitere Hobbys	Sommerkurs und Gruppe
Brigitte	München	17	ledig	Reiten	Schwimmen, Tiere	A1

13

Questions
Wen hast du da?
Wie groß ist er/sie?
Wie alt ist er/sie?
Was hat er/sie für Haare?
Was hat er/sie für Augen?
Ist er/sie schlank oder dick?
Hat er/sie Geschwister?

Cue words
Name?
Größe?
Alter?
Haare?
Augen?
Figur?
Geschwister?

Name					
Größe					
Alter					
Haare					
Augen					
Figur					
Geschwister					

Name		Wohnort	Alter	Familienstand	Hobby
Angela	Ahr	Berlin	19	verheiratet	
Claudia	Bach	Hamburg	20	ledig	
Bianca	Fell	Mainz	21		
Gabi	Heinz	Frankfurt	22		
Katrin	Jung	Basel	25		
Ute	Klein	Graz	27		
Bernd	Mayer	Bern	29		
Bodo	Müller	München	31		
Dieter	Paulus	Kassel	36		
Jörg	Thiel	Husum	40		
Manfred			45		
Peter					
Sven					

Name	Wohnort	Alter	Familienstand	Hobby

Deutsch Heute 2 © Duncan Sidwell and Penny Capoore 1991. Published by Thomas Nelson and Sons Ltd.

Name	Wohnort	früher	umgezogen	Familie	Hobbys	seit	Job	seit
Kurt	Bingen	Trier	vor 3 J			6 M	Supermarkt	3 M
Inge	Mainz	Ulm	vor 2 J			1 J	Feriendorf	2 M
Andreas	Boppard	Koblenz	vor 1 J			2 J	Sportzentrum	6 M
Karl	Hannover	Essen	vor 6 M			3 J	Zeitungen	9 M
Eva	Hamburg	Kiel	vor 3 M					
Doris	Saarburg	Lebach	vor 1 M					
Barbara	Lübeck	München						
Georg	Wien	Graz						

12

Deutsch Heute 2 © Duncan Sidwell and Penny Capoore 1991. Published by Thomas Nelson and Sons Ltd.

Jens 1,50 m 16	Helga 1,40 m weder schlank noch dick	Eva 1,50 m	Gudrun 1,60 m 16
Jens lange, blonde H. blaue A.	Helga 15 lockige, schwarze H.	Eva 15 lange, hellbraune H.	Gudrun lockige, dunkle, braune H. braune A.
Jens schlank	Helga graue A.	Eva grüne A. dick	Gudrun weder schlank noch dick
Frank 1,55 m ziemlich dick	Tobias 1,62 m 17	Lutz ziemlich klein	Christian ziemlich groß lange, blonde H.

Frank
kurze, hellbraune H.
braune A.
	Tobias
	dunkelbraune,
	  lockige H.
		Lutz
		15
		kurze, schwarze
		  Haare
			Christian
			16
			blaue A.

Frank 14	Tobias hellblaue A. schlank	Lutz braune A. sehr dick	Christian schlank
Ute 1,43 m blaue A.	Bettina kurze, schwarze H. braune A.		
Ute ziemlich schlank	Bettina sehr schlank		

15

Student A	Student B
Musik Gitarre 20 Schallplatten 0 Kassetten Adam usw., usw. Gib Meinung	Hobbys? Instrument? Schallplatten? Kassetten? Lieblingsgruppe? Meinung über einige Gruppen?
Student A	**Student B**
Briefmarken 500–600 Aus allen Ländern – meistens Europa 5 J Sport – Schwimmen/Tennis Schwimmen – I × Woche Tennis – Wochenende	Hobbys? Wie viele Briefmarken? Aus welchen Ländern? Seit wann? Andere Hobbys? Welche Sportarten? Wie oft?
Student A	**Student B**
You were born in Italy. You moved to Switzerland 3 years ago. You have a brother, born in Switzerland. You speak Italian. You have learnt to ski. You like music – jazz and pop. You have a dog.	Find out from your partner: – where he/she lives – was he/she born there? If not, when did he/she move? – about his/her brothers and sisters, if any – what his/her hobbies are – if he/she has any pets
Student A	**Student B**
You were born in Poland (Polen). 21 years ago you left Poland. You went to France. You worked in Paris – as a waiter/waitress. 6 years ago you came to Germany. You have a café and a cake shop. You have a husband/wife and three children. The children were all born in France.	You are interviewing a person who has lived in a number of countries. Find out: – where he/she was born – when he/she left that country and where he/she went – what he/she did there – when he/she came to Germany – what he/she does now – whether he/she has a family

Deutsch Heute 2 © Duncan Sidwell and Penny Capoore 1991. Published by Thomas Nelson and Sons Ltd.

Radio Freundschaft! Ruf uns mal an!

Radio Freundschaft takes calls from people looking for a penfriend in another country. Callers give a description of themselves and the disc jockey fills in a form which is sent off to radio stations abroad, who find partners.
Listen to the calls and fill in the forms.

Radio Freundschaft Freundschaftsbüro

Ich suche einen Brieffreund/eine Brieffreundin in: _____

Familienname: _____

Vorname: _____

Adresse: _____

Alter: _____ Größe: _____

Geschlecht – weiblich/männlich: _____

Hobbys

☐ Discos   ☐ Tanzen
☐ Fotografieren   ☐ Theater
☐ Fußball   ☐ Radfahren
☐ Instrument spielen ☐ Briefmarken sammeln
☐ Kino   ☐ Segeln
☐ Lesen   ☐ Tennis
☐ Musik   ☐ Tiere
☐ Reiten   Andere: _____
☐ Schwimmen   _____

Charaktereigenschaften

	nie	selten	manchmal	meistens	immer
gutmütig					
freundlich					
unfreundlich					
gut gelaunt					
schlecht gelaunt					
geduldig					
ungeduldig					
lustig					
launisch					
ungehalten					
unternehmungslustig					
zufrieden					

Radio Freundschaft Freundschaftsbüro

Ich suche einen Brieffreund/eine Brieffreundin in: _____

Familienname: _____

Vorname: _____

Adresse: _____

Alter: _____ Größe: _____

Geschlecht – weiblich/männlich: _____

Hobbys

☐ Discos   ☐ Tanzen
☐ Fotografieren   ☐ Theater
☐ Fußball   ☐ Radfahren
☐ Instrument spielen ☐ Briefmarken sammeln
☐ Kino   ☐ Segeln
☐ Lesen   ☐ Tennis
☐ Musik   ☐ Tiere
☐ Reiten   Andere: _____
☐ Schwimmen   _____

Charaktereigenschaften

	nie	selten	manchmal	meistens	immer
gutmütig					
freundlich					
unfreundlich					
gut gelaunt					
schlecht gelaunt					
geduldig					
ungeduldig					
lustig					
launisch					
ungehalten					
unternehmungslustig					
zufrieden					

Deutsch Heute 2 © Duncan Sidwell and Penny Capoore 1991. Published by Thomas Nelson and Sons Ltd.

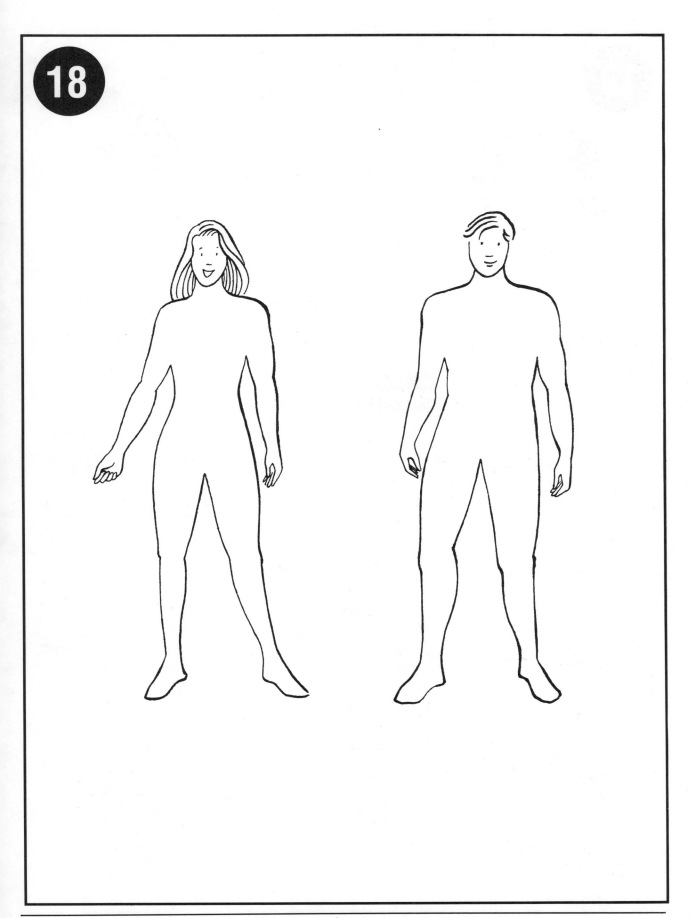

21

Name	Kleidung	Preis (DM)
Katrin	Hose (f.) Pullover (m.)	4.– 45.–
Klaus	Jeans (pl.) Mütze (f.)	6.– 48.–
Bettina	Bluse (f.) Büstenhalter (m.)	8.– 55.–
Jens	Regenmantel (m.) T-Shirt (n.)	10.– 62.–
Michaela	Jacke (f.) Socken (pl.)	15.– 74.–
Erich	Trainingsanzug (m.) Krawatte (f.)	17.– 86.–
Gabi	Slip (m.) Hut (m.)	20.– 97.–
Erika	Unterhose (f.) Anorak (m.)	25.– 124.–
Horst	Kleid (n.) Mantel (m.)	29.– 176.–
Thorsten	Rock (m.)	34.– 282.–

22 Listen to the descriptions of members of the Brenner family and note the details below.

1 Anja beschreibt Dirk

Figur: ....
Augen: ....
Haare: ....
Größe: ....
Kleider: ....
Charaktereigenschaften: ....
....
Gesicht: ....

2 Dirk beschreibt Anja

Figur: ....
Gesicht: ....
Haare: ....
Augen: ....
Hobbys: ....
Größe: ....
Charaktereigenschaften: ....
....

3 Frau Brenner beschreibt ihren Mann

Größe: ....
Haare: ....
Gesicht: ....
Hobbys: ....
Charaktereigenschaften: ....
....

4 Herr Brenner beschreibt seine Frau

Haare: ....
Alter: ....
Größe: ....
Figur: ....
Gesicht: ....
Charaktereigenschaften: ....
....
Hobbys: ....

23

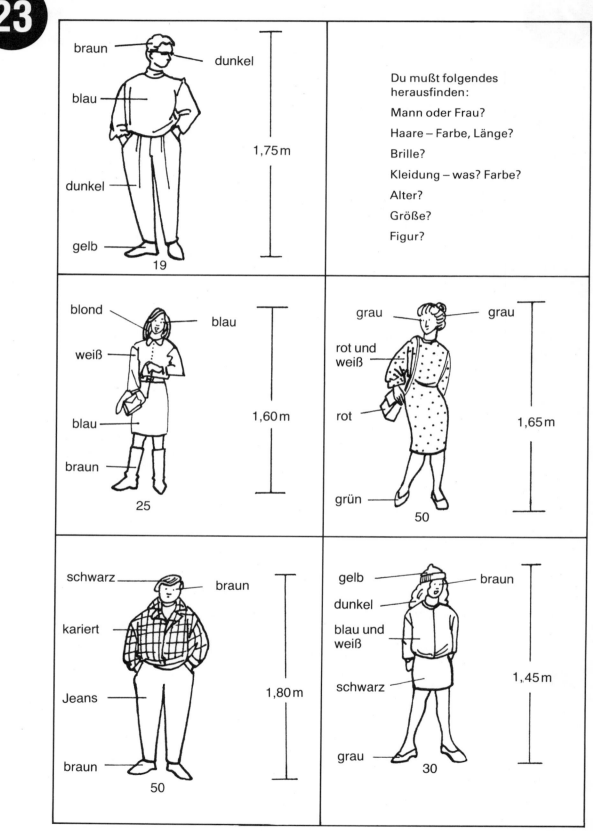

braun — dunkel

blau

dunkel

gelb

19

1,75 m

Du mußt folgendes
herausfinden:

Mann oder Frau?

Haare – Farbe, Länge?

Brille?

Kleidung – was? Farbe?

Alter?

Größe?

Figur?

blond — blau

weiß

blau

braun

25

1,60 m

grau — grau

rot und
weiß

rot

grün

50

1,65 m

schwarz — braun

kariert

Jeans

braun

50

1,80 m

gelb — braun

dunkel

blau und
weiß

schwarz

grau

30

1,45 m

Deutsch Heute 2   © Duncan Sidwell and Penny Capoore 1991. Published by Thomas Nelson and Sons Ltd.

Diese Person hat: ein schmales Gesicht; einen schmalen Mund; eine Brille; lange Haare; helle Haare.	Diese Person hat: ein rundes Gesicht; kurze, glatte Haare; dunkle Haare; eine lange Nase.	Diese Person hat: ein ovales Gesicht; lange, blonde Haare; große Augen.
1	**2**	**3**
Diese Person hat: ein breites Gesicht; eine kleine Nase; lockige Haare; einen Schnurrbart;	Diese Person hat: ein breites Gesicht; eine kleine Nase; glatte, lange Haare; einen Schnurrbart.	Diese Person hat: ein ovales Gesicht; lange, lockige Haare; einen vollen Mund; eine lange Nase.
4	**5**	**6**
Diese Person hat: ein langes Gesicht; einen schmalen Mund; kurze, schwarze Haare.	Diese Person hat: ein ovales Gesicht; lange, lockige Haare; einen vollen Mund; eine Brille.	Diese Person hat: ein schmales Gesicht; eine lange Nase; kurze, lockige Haare; dunkle Haare.
7	**8**	**9**
Diese Person hat: ein schmales Gesicht; eine lange Nase; kurze, lockige Haare; blonde Haare; eine Brille.	Diese Person hat: ein rundes Gesicht; lange Haare; blonde Haare; große Augen.	Diese Person hat: ein rundes Gesicht; lange Haare; dunkle Haare; kleine Augen.
10	**11**	**12**
Diese Person hat: ein schmales Gesicht; einen schmalen Mund; eine Brille; kurze, glatte Haare.	Diese Person hat: ein rundes Gesicht; dunkle, kurze Haare; einen Vollbart; eine Brille.	Diese Person hat: ein rundes Gesicht; dunkle, kurze Haare; eine Brille; einen Schnurrbart.
13	**14**	**15**

				Farbe?		
Karl	11	3 Jan.				6 24 18
Dirk	12	6 März				3 58 92
Florian	13	13 April				4 40 92
Markus	14	18 Mai			14	6 93 17
Claudia	15	10 Juni			12	3 41 31
Tania	16	21 Juli			6 / 14	9 02 00
Doris	17	18 Aug.			18 / 20	8 93 16
Nicola	18	1 Okt.			14 / 17	
Vera	19	31 Nov.				
	20	12 Dez.				
	21					

Deutsch Heute 2 © Duncan Sidwell and Penny Capoore 1991. Published by Thomas Nelson and Sons Ltd.

26

STUDENT A Ist das alles wahr?	STUDENT B Die Wahrheit

Gerda Müller
Alter: 17
Haare: lang, dunkel
Größe: 1,75 m
Wohnort: Schwalbach
              Bayern
Adresse: An der Lach 44
Telefon: 26 58 03
Geschwister: 2 Brüder
Haustiere: 2 Katzen
Hat Vater und Mutter
Hobbys: lesen, segeln
Ferien: letztes Jahr –
   2 Wochen Mallorca
   mit einem Freund
Noch an der Schule
	Gerda Müller
	Alter: 16
	Haare: lang, hell
	Größe: 1,65 m
	Wohnort: Schwalbach
	              Saarland
	Adresse: An der Lach 44
	Telefon: 26 85 03
	Geschwister: 2 Brüder
	Haustiere: 1 Katze
	Eltern geschieden
	Hobbys: lesen, segeln, wandern
	Ferien: letztes Jahr – 2 Wochen
	   Ibiza; 1 Wochenende
	   Jugendherberge Nürnberg,
	   mit einer Freundin
	Besucht Gymnasium am Hof

33

Einige Leute beschreiben die Gegenstände, die sie verloren haben. Kannst du alles notieren?

Verlustanzeige				
	1	2	3	4
Was?				
Wo?				
Wann?				
Beschreibung des Gegenstandes				

Deutsch Heute 2 © Duncan Sidwell and Penny Capoore 1991. Published by Thomas Nelson and Sons Ltd.

Deutsch Heute 2 © Duncan Sidwell and Penny Capoore 1991. Published by Thomas Nelson and Sons Ltd.

Deutsch Heute 2 © Duncan Sidwell and Penny Capoore 1991. Published by Thomas Nelson and Sons Ltd.

32

Name	Adresse	Gegenstand	Beschreibung	Wo	Wann
Bach	1 – 400		*Wert?*		heute
Gansen	Langgasse		Kunststoff		gestern
Kaiser	An der Lach		Leder		Montag, usw.
Thielen	Münzerstraße		Metall		
Sauer	Hauptstraße		Wolle		*Uhrzeit?*
Hoffmann	Klondyke Close		Baumwolle		
Eifler	Heathfield Gdns		*Farbe?*		
Brown	Dalby Rd		gestreift, usw.		
Langley	Penrose Ave				
Jones	Bremen, Graz,				
Bradley	Essen, usw.				
	Stanstead,				
	Warwick,				
	Purley, usw.				

34

Fotoapparat

Zug
München – Bamberg
Spitze
Nichtraucher
18.14–20.10
400.– DM Wert
Yashica

Halskette

Hallenbad?
Café Schubert?
13.30 Uhr–16.00 Uhr
Halskette – schwer, alt
100.– DM Wert
Silber

Jacke

Park? Bus?
(Bus – 14)
gestern abend
17.00–18.00 Uhr
Wolle
2 Taschen, worin Füllfederhalter
    Portemonnaie

Brieftasche

Museum oder Disco (Seestraße)
gestern 18.00 Uhr–23.00 Uhr
Leder
blau
Name darauf
Inhalt:
    50.– DM
    Scheckkarte (569021)
    Briefmarken
    Foto – Hund

Listen to these people giving their opinion about the town they live in. Note down how long each person has lived there and what they consider to be the good and bad things about their town.

	Wohnt hier seit . . .	Die guten Aspekte	Die schlechten Aspekte
Ulrike			
Herr Forster			
Max			
Barbara			
Frau Ott			

Deutsch Heute 2 © Duncan Sidwell and Penny Capoore 1991. Published by Thomas Nelson and Sons Ltd.

Eine Kassette von der Klasse

Listen to the tape at least twice. Note the letters giving the correct details and write them up, adding any other details you may remember.

Name	Haus/ Wohnung	mit	Schlafzimmer	Schule	Wie kommt man hin?
1 Katrin	**a** 1 FH	**a** Garten	**a** 2 Schlaf-zimmer	**a** Weit	**a**
2 Erich	**b** 2 FH	**b** Balkon	**b** 3 Schlaf-zimmer	**b** In der Nähe	**b**
3 Ingeborg	**c** 3 FH	**c** Parkplatz	**c** 4 Schlaf-zimmer	**c** 3 km	**c**
4 Frank	**d** 2 ZW	**d** Garage		**d** 5 km	**d**
	e 3 ZW	**e** Keller		**e** 10 km	**e**
	f 4 ZW				

1 FH = Einfamilienhaus
2 ZW = Zweizimmerwohnung

Name	Haus/ Wohnung	mit	Schlafzimmer	Schule	Wie kommt man hin?
1 Katrin					
2 Erich					
3 Ingeborg					
4 Frank					

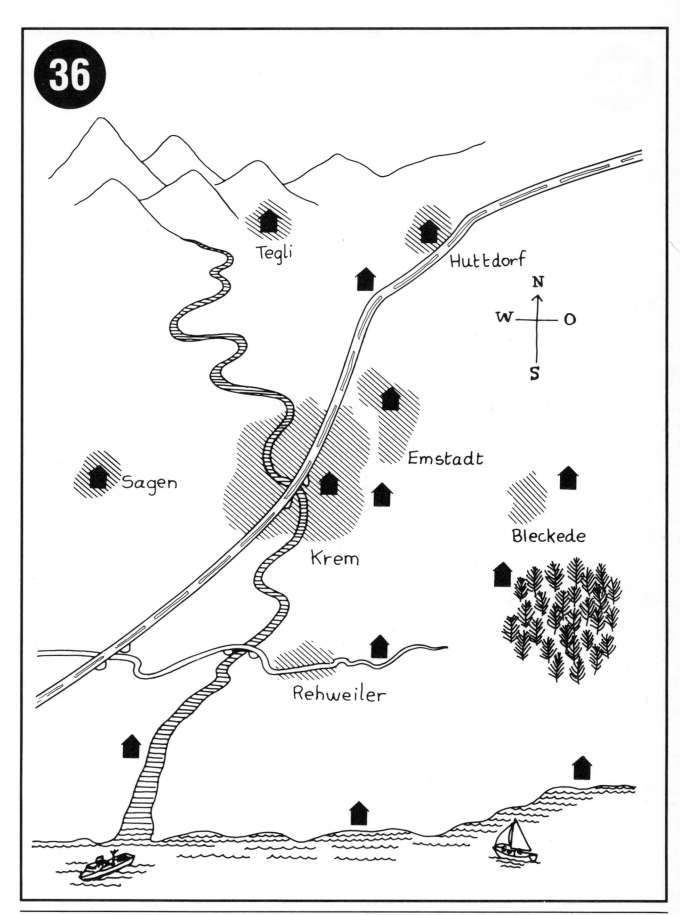

36

Tegli

Huttdorf

N
W   O
S

Emstadt

Sagen

Bleckede

Krem

Rehweiler

Deutsch Heute 2 © Duncan Sidwell and Penny Capoore 1991. Published by Thomas Nelson and Sons Ltd.

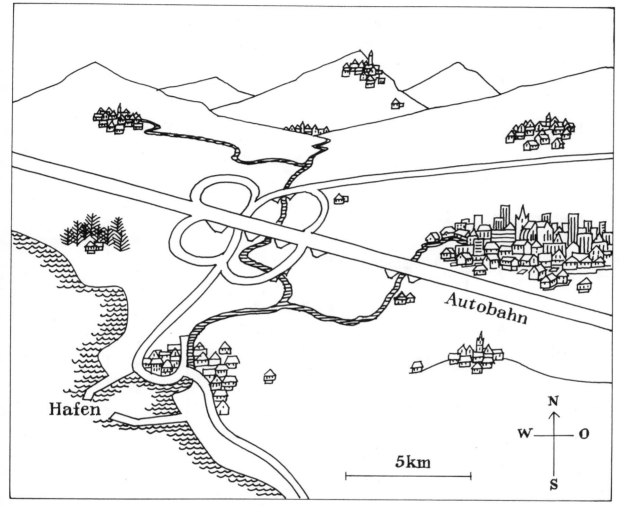

37

Martina   Gabi   Andrea   Birgit   Claudia   Lene   Jürgen   Erich   Ingo   Dieter   Helmut   Karl

38

Name	Haus/Wohnung	Lage	Gegend	seit
Gabi	1 × Fam.		Tal	1–12 M
Klaus	2 × Fam.	↑ km? | ← Stadt → | km? ↓	Wald	1–18 J
Horst	3 × Fam.		Küste	
Barbara	Wohnblock		Fluß	
Eva	1.–5. Etage/ Stock	Vorort	Höhe	
Katrin	Garten	Stadtmitte		
Erich	Garage	Stadtrand		
Manfred	Parkplatz	Autobahn		
Tobias	eigenes Zimmer	Bahnhof		
	teilen	Geschäfte		
		Schule		

Deutsch Heute 2   © Duncan Sidwell and Penny Capoore 1991. Published by Thomas Nelson and Sons Ltd.

39 Ein Rätsel

Kannst du diesen Brief richtig zusammensetzen?

Das neue Haus ist	Ich habe mein eigenes	zwei Kinder.	ist fantastisch. Es

Komm mal	Wir wohnen im ersten	Tagen eingezogen.

gibt einen Hobbyraum darin.	Zimmer. Wir haben einen großen

Wir teilen das Haus mit der	Wir sind vor drei	vorbei.	Garten. Der Keller

sehr schön.	Familie Schneider. Sie haben	Stock.

61

2 Jahre BBZ Elektriker	4 Jahre Uni	2 Jahre H-schule Friseur	3 Jahre H-schule Sekretärin
2 Jahre BBZ Automechaniker/in	4 Jahre Uni Ingenieur	6 Jahre Uni Arzt/Ärztin	2 Jahre BBZ Konditor/in
??? ins Ausland reisen	Firma der Eltern Buchhandlung	3 Jahre höhere Schule Krankenschwester	??? Maurer Soldat
Firma des Onkels Möbelgeschäft	bei der DB	2 Jahre Handelsschule Stenotypistin	Saarbrücker Zeitung Journalist/in

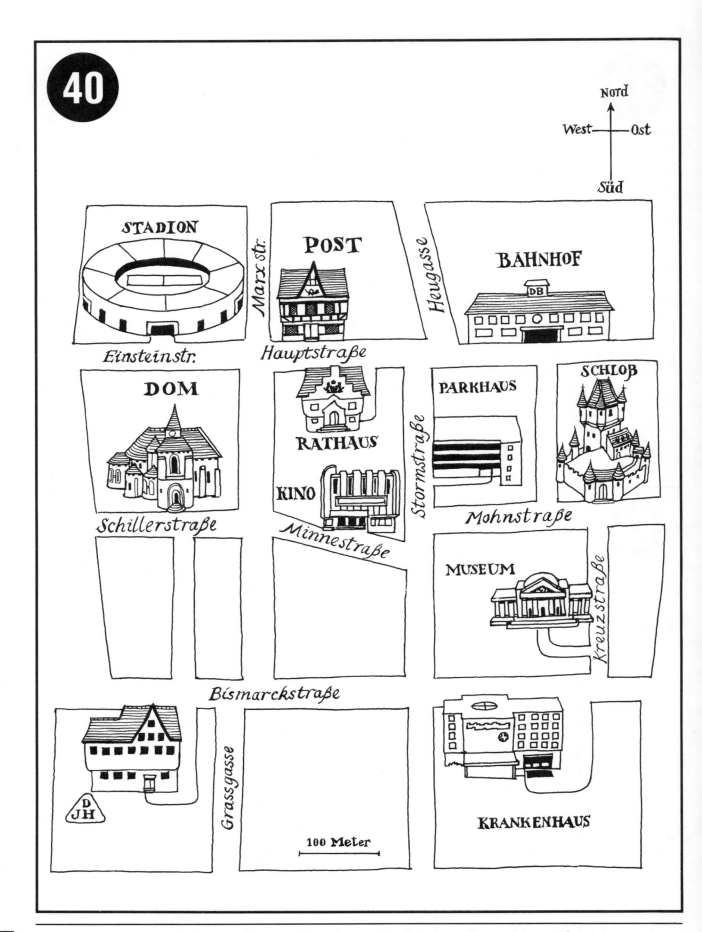

Deutsch Heute 2 © Duncan Sidwell and Penny Capoore 1991. Published by Thomas Nelson and Sons Ltd.

Group A

A1 **Kurt** 1,50 m dick	**A2** **Kurt** Stadt dunkle H.	**A3** **Kurt** blaue A. lange H. 14	**A4** **Kurt** Brille
Gabi 1,72 m schwarze H.	**Gabi** 16 schlank	**Gabi** Stadt tanzt gern kurze H.	**Gabi** am Fluß braune A.
Barbara braune A.	**Barbara** Dorf blonde H.	**Barbara** 18	**Barbara** 1,65 m schlank
Mark hellbraune H.	**Mark** 15 Küste blaue A.	**Mark** 1,40 m	**Mark** Kontaktlinsen kurze H.

Group B

B1 **Claudia** 15 Dorf	**B2** **Claudia** dunkle H. auf dem Lande	**B3** **Claudia** schlank blaue A.	**B4** **Claudia** 1,50 m
Andreas 1,40 m	**Andreas** 13 Stadt	**Andreas** Küste braune H.	**Andreas** braune A. ziemlich dick
Inge graue A. ziemlich schlank	**Inge** 1,30 m	**Inge** 12 Dorf	**Inge** am Fluß schwarze H.
Ulrich blonde H. Brille	**Ulrich** schlank grüne A.	**Ulrich** 1,75 m	**Ulrich** 18 Stadt

Group C

C1 **Bernd** 16 lange H.	**C2** **Bernd** 1,55 m schlank	**C3** **Bernd** Stadt blaue A.	**C4** **Bernd** hellbraune H. in den Bergen
Thomas am Fluß dunkle H.	**Thomas** 15 lange H.	**Thomas** 1,58 m schlank	**Thomas** Dorf graue A.
Brigitte 1,39 m Brille	**Brigitte** Dorf braune A. schwarze H.	**Brigitte** Sport auf dem Lande ziemlich dick	**Brigitte** 14 lockige Haare
Heike Stadt blaue A.	**Heike** blonde H. dick Küste	**Heike** 16 kurze H.	**Heike** 1,60 m

Group D

D1 **Kirsten** Stadt blonde H. 14	**D2** **Kirsten** blaue A. Küste	**D3** **Kirsten** glatte, lange H. Sport	**D4** **Kirsten** dick Brille
Hannelore schlank	**Hannelore** braune H. Stadt	**Hannelore** braune A. 13	**Hannelore** am Fluß lockige H. Kleider nähen
Jochen in den Bergen graue A.	**Jochen** 12	**Jochen** Dorf schwarze H.	**Jochen** schlank kurze H.
Peter lange H.	**Peter** an der Autobahn blaue A.	**Peter** hellbraune H.	**Peter** Dorf weder dick noch schlank

Deutsch Heute 2 © Duncan Sidwell and Penny Capoore 1991. Published by Thomas Nelson and Sons Ltd.

Er/Sie hat ein Haus (wohnt in einem Haus).

 Er/Sie hat eine Wohnung (wohnt in einer Wohnung).

 Er/Sie hat einen Bruder.

 Er/Sie hat eine Schwester.

 Er/Sie hat einen Hund.

 Er/Sie hat eine Katze.

 Er/Sie schwimmt gern.

 Er/Sie spielt gern Schach.

 Er/Sie hört gern Musik.

 Er/Sie liest gern.

 Er/Sie spielt Tennis.

Er/Sie spielt Klavier.

H.   Haare

A.   Augen

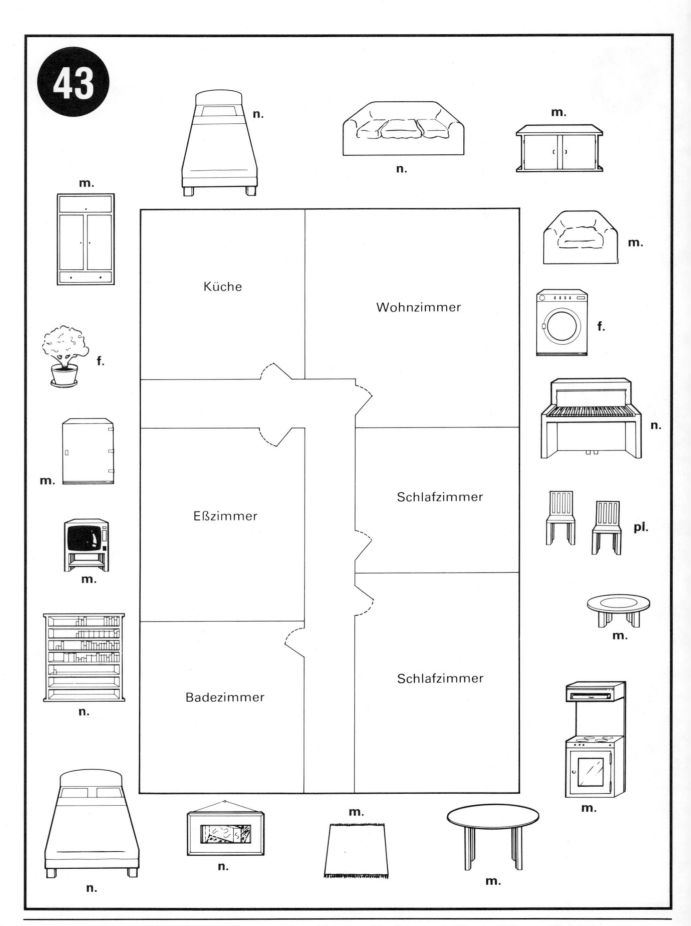

43

n.

n.

m.

m.

m.

f.

Küche

Wohnzimmer

f.

m.

n.

Eßzimmer

Schlafzimmer

m.

pl.

n.

m.

Badezimmer

Schlafzimmer

m.

n.

n.

m.

m.

Deutsch Heute 2 © Duncan Sidwell and Penny Capoore 1991. Published by Thomas Nelson and Sons Ltd.

Question card

Ist das ein Haus oder eine Wohnung?	Haus/Wohnung?
Wo liegt es/sie?	Lage?
Wie viele Zimmer hat es/sie?	Zimmer?
Hat es/sie eine Garage?	
Hat es/sie einen Balkon?	
Hat es/sie einen Garten?	
Hat es/sie einen Keller?	Garage?
Was ist die Miete?	Balkon?
Ist das mit oder ohne Heizung?	Garten?
Wie groß ist es/sie?	Keller?
	Miete?
	Heizung?

Information cards

Wohnung Stadtmitte 1× (bed) 1× (sofa) Garage Balkon Garten Keller 550.– DM Ohne Heizung	Wohnung Stadtrand 1× (bed) 1× (sofa) 1× (table) Garage Balkon Garten – teilen Keller 620.– DM Ohne Heizung	Haus nördlich der Stadt 3× (bed) 1× (table) 1× (sofa) Garage Balkon Garten Keller m. Waschraum 1000.– DM Mit Heizung
Wohnung Dorf 2× (bed) 1× (sofa) + (table) Garage Balkon Garten – teilen Keller – teilen 570.– DM Mit Heizung	Wohnung am Bahnhof 2× (bed) 1× (sofa) + (table) Garage Balkon Garten Keller – teilen 700.– DM Ohne Heizung	Haus südlich der Stadt am Waldrand 2× (bed) 1× (table) 1× (sofa) Garage Balkon Garten Keller m. Waschraum 820.– DM Ohne Heizung

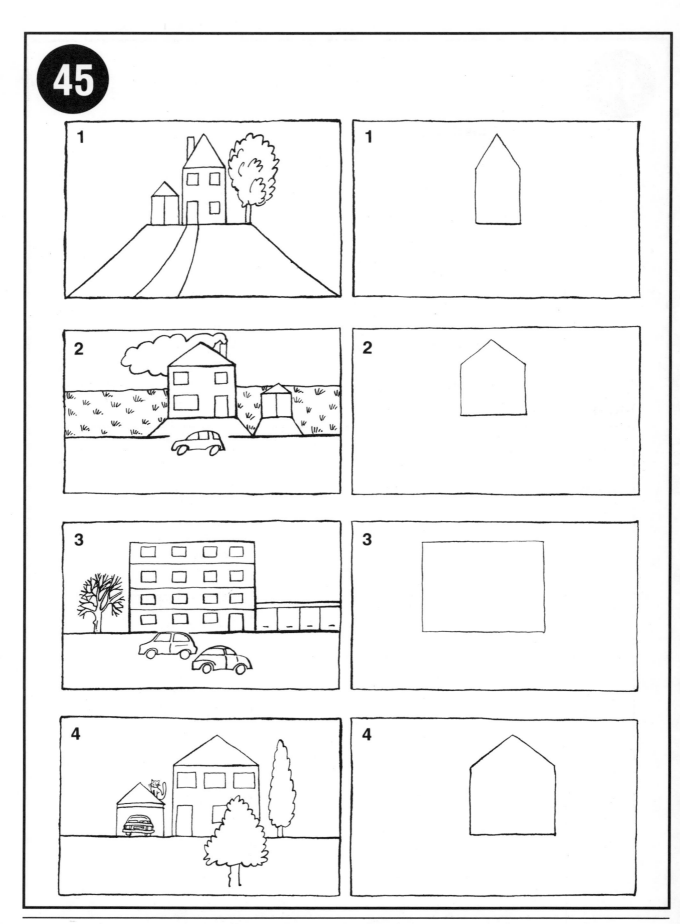

Deutsch Heute 2 © Duncan Sidwell and Penny Capoore 1991. Published by Thomas Nelson and Sons Ltd.

A (Set 1)
Stelle Fragen
über ANDREAS

Wohnort? Wo?
Haus oder Wohnung?
Alter?
Augen?
Haare?
Größe?
Geschwister?
Hobbys?

★★★★★★★★★★★★★★★★★★★★★

Gib Antworten
über CLAUDIA

Stadt; Küste

blaue A.
lockige H.
1,58 m

und über BERND

16
blaue A.
kurze H.

B (Set 1)
Stelle Fragen
über CLAUDIA

Wohnort? Wo?
Haus oder Wohnung?
Alter?
Augen?
Haare?
Größe?
Geschwister?
Hobbys?

★★★★★★★★★★★★★★★★★★★★★

Gib Antworten
über ANDREAS

Stadt

18
hellbraune H.
1,91 m

und über BERND

Stadt
an einem Fluß

1,79 m

C (Set 1)
Stelle Fragen
über BERND

Wohnort? Wo?
Haus oder Wohnung?
Alter?
Augen?
Haare?
Größe?
Geschwister?
Hobbys?

★★★★★★★★★★★★★★★★★★★★★

Gib Antworten
über ANDREAS

in den Bergen
blaue A. (Brille)
lockige H.

und über CLAUDIA

braune H.
lange H.
14

A (Set 2)
Stelle Fragen
über INGE

Wohnort? Wo?
Haus oder Wohnung?
Alter?
Augen?
Haare?
Größe?
Geschwister?
Hobbys?

★★★★★★★★★★★★★★★★★★★★★★

Gib Antworten
über HELMUT

Küste

blaue A.
lockige H.

und über EVA

Dorf
17
blonde H.
1,60 m

B (Set 2)
Stelle Fragen
über HELMUT

Wohnort? Wo?
Haus oder Wohnung?
Alter?
Augen?
Haare?
Größe?
Geschwister?
Hobbys?

★★★★★★★★★★★★★★★★★★★★★★

Gib Antworten
über INGE

Stadt
Tal
graue A.
hellbraune H.

und über EVA

an einem Fluß

hellblaue A.
glatte H.

C (Set 2)
Stelle Fragen
über EVA

Wohnort? Wo?
Haus oder Wohnung?
Alter?
Augen?
Haare?
Größe?
Geschwister?
Hobbys?

★★★★★★★★★★★★★★★★★★★★★★

Gib Antworten
über HELMUT

Dorf
16
braune H.
1,70 m

und über INGE

14
kurze H.
1,30 m
Kleider nähen

Deutsch Heute 2 © Duncan Sidwell and Penny Capoore 1991. Published by Thomas Nelson and Sons Ltd.

A (Set 3) Stelle Fragen über WOLFGANG	**B** (Set 3) Stelle Fragen über MICHAEL	**C** (Set 3) Stelle Fragen über GUDRUN

Wohnort? Wo? Haus oder Wohnung? Alter? Augen? Haare? Größe? Geschwister? Hobbys?	Wohnort? Wo? Haus oder Wohnung? Alter? Augen? Haare? Größe? Geschwister? Hobbys?	Wohnort? Wo? Haus oder Wohnung? Alter? Augen? Haare? Größe? Geschwister? Hobbys?

★★★★★★★★★★★★★★★★★★★★★★★★

Gib Antworten über MICHAEL	Gib Antworten über WOLFGANG	Gib Antworten über MICHAEL

graue A. glatte H.	15 blaue A. glatte, kurze H.	Dorf In den Bergen 18 blonde H. 1,82 m Sport

und über GUDRUN	und über GUDRUN	und über WOLFGANG

an einem Fluß 17 kurze H. 1,68 m	Dorf blaue A. hellbraune H.	Stadtmitte an einem Fluß dunkelbraune H. 1,52 m

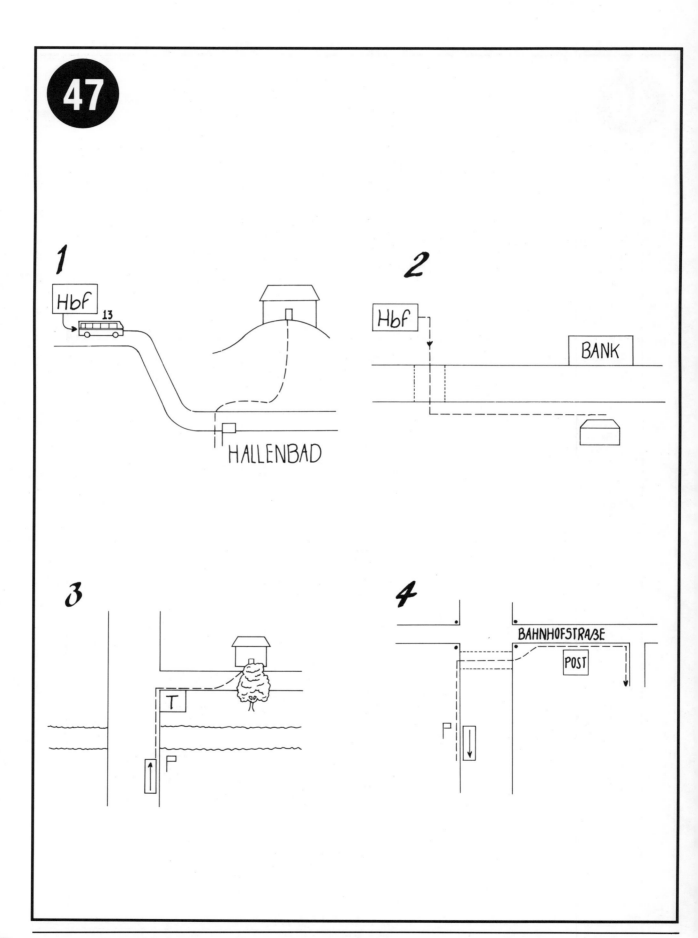

Deutsch Heute 2   © Duncan Sidwell and Penny Capoore 1991. Published by Thomas Nelson and Sons Ltd.

Question card

Name
Haus? Wohnung?
Lage: Dorf? Stadt?
Wo in der Stadt (im Dorf)?
Wie sind die Verkehrsverbindungen?

Information cards

Herr u. Frau Baumann **1**
Wohnung
Dorf
An der Autobahn
Kein Bahnhof. Bus – Linie 6
In ruhiger Lage
In der Mitte des Dorfes

Herr u. Frau Fell **2**
Wohnhaus
Am Stadtrand
Südlich der Stadt
In der Nähe der U-Bahn
In ruhiger Lage

Herr u. Frau Ahr **3**
Wohnung
Im Stadtzentrum
In der Hauptstraße
Bahnhof – 500 m
Bushaltestelle vor der Tür

Herr u. Frau Trautmann **4**
Wohnhaus
In der Stadtmitte
In ruhiger Lage
In der Nähe des Parks
15 Gehminuten vom Bahnhof

Herr u. Frau Uder **5**
Wohnung
Am Stadtrand
Nördlich der Stadt
In der Nähe des Krankenhauses
10 Gehminuten vom Einkaufszentrum

Herr u. Frau Weidenkoffer **6**
Wohnhaus
Dorf
Kleines Haus
In den Bergen
Haltestelle – 3 Gehminuten vom Haus

A Christoph Du rufst 6 32 48 an.	**A** Dietmar Du rufst 6 90 34 an.	**A** Regina Du rufst 34 82 01 an.

B Beate
6 32 48
– aussteigen am
  Rathaus
– nach rechts
– an der Kreuzung links
– nächste Straße rechts
	B Christoph
	6 90 34
	– U-Bahn bis Beitheim
	– Bus Richtung Henne
	– am Rathaus
	  aussteigen
	– über die Straße
	– Straße auf der rechten
	  Seite
		B Horst
		34 82 01
		– am Hallenbad
		  aussteigen
		– weiter in der gleichen
		  Richtung gehen
		– an der Tankstelle links
		– dritte Straße rechts

A Lutz Du rufst 3 46 08 an.	**A** Brigitte Du rufst 55 79 02 an.	**A** Sigrid Du rufst 45 78 29 an.

B Inge
3 46 08
– vor dem Hbf nach links
– unter die Straße
  (Unterführung)
– nach der Unterführung
  nach links
– rechts an der Ampel
– erste Straße rechts
	B Karl
	55 79 02
	– am Bahnhof Bus 4
	– zum Museum
	– weiter in der gleichen
	  Richtung
	– an der Kirche vorbei
	– rechts an der Ampel
	– das ist die Straße
		B Manfred
		45 78 29
		– am Hbf, Bus 4
		– bis Hermeskohl
		– am Marktplatz
		  aussteigen
		– nach rechts
		– Haus an der Ecke

A Gabi Du rufst 4 79 02 an.	**A** Karl-Heinz Du rufst 62 78 an.	**A** Ulrich Du rufst 7 18 10 an.
B Heinz 4 79 02	**B** Birgit 62 78	**B** Lutz 7 18 10

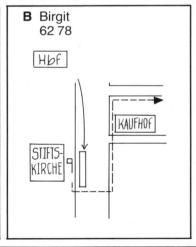

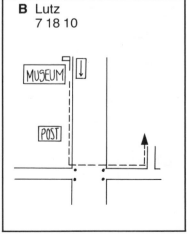

Deutsch Heute 2 © Duncan Sidwell and Penny Capoore 1991. Published by Thomas Nelson and Sons Ltd.

Name: Nicole Guth				Klasse 6a11	
Stunde	**Montag**	**Dienstag**	**Mittwoch**	**Donnerstag**	**Freitag**	**Samstag**
1 7.55– 8.40	Erdkunde	Biologie	Religion	Erdkunde	Mathematik	Mathematik
2 8.45– 9.30	Biologie	Englisch	Englisch	Englisch	Mathematik	Deutsch
Pause						
3 9.45– 10.30	Musik	Deutsch	Englisch	Sport	Sport	Deutsch
4 10.35– 11.20	Mathematik	Technik	Musik	Sport	Deutsch	Englisch
Pause						
5 11.35– 12.20	Deutsch	Technik	Zeichnen	Englisch	Deutsch	Biologie
6 12.25– 13.10	Förderstunde	Mathematik	Zeichnen			Religion

Name: Nicole Guth				Klasse 6a11		
Stunde	Montag	Dienstag	Mittwoch	Donnerstag	Freitag	Samstag
1 7.55 – 8.40						
2 8.45 – 9.30						
Pause						
3 9.45 – 10.30						
4 10.35 – 11.20						
Pause						
5 11.35 – 12.20						
6 12.25 – 13.10						

STUDENT A
Gabis Stundenplan

	Dienstag	Mittwoch
1	Kunst	Deutsch
2	Geschichte	?
3	?	?
4	Französisch	Technik
5	?	?
6	Sport	Biologie
7	?	?

STUDENT B
Gabis Stundenplan

	Dienstag	Mittwoch
1	?	?
2	?	Mathe
3	Englisch	Chemie
4	?	?
5	Physik	Erdkunde
6	?	?
7	Sport	Religion

A

	Bus	Straßenbahn
Theater	34	
Kino		9
Schloß		
Galerie	34	12
Hbf	30	
Rathaus		12
Krankenhaus	34	
Jugendherberge		7

• Schloß

• Krankenhaus

• Theater

• Galerie

Rathaus •

Linien fangen ■
hier an ↘

• Kino

DJH •   • Hbf

B

	Bus	Straßenbahn
Theater		15
Kino	30	
Schloß	42	15
Galerie		
Hbf		9
Rathaus	42	
Krankenhaus		15
Jugendherberge	38	

• Schloß

• Krankenhaus

• Theater

• Galerie

Rathaus •

Linien fangen ■
hier an ↘

• Kino

• Hbf

DJH •

Name	Beruf	seit	Spaß?	Fahrt	Arbeitszeiten
Frau	Koch	1–6 M	gefällt		6 – 2
Herr	Köchin	1–10 J	Spaß		7 – 3
Bloch	Elektriker/in	$\frac{1}{2}$ J	gern haben		8 – 4
Bauer	Busfahrer/in		nicht		9 – 5
Latz	Verkäufer/in				
Müller	Lehrer/in				Schicht
Oswald	Polizist/in				keine festen Zeiten
Sauer	Krankenpfleger/in				
Steffen	Bäcker/in				Mittagspause
Fiedler	Gärtner/in				
	Wirt/in			10 Min.	
	Pilot/in			$\frac{1}{4}$ St.	
	Metzger/in			$\frac{1}{2}$ St.	

Deutsch Heute 2 © Duncan Sidwell and Penny Capoore 1991. Published by Thomas Nelson and Sons Ltd.

A	B	A	B
1 Fußball?	**1**	**1** Schwimmen?	**1**
2	**2** Fußball. Wann?	**2**	**2** Schwimmen. Wann?
3 Heute, 3.00	**3**	**3** Heute, 2.00	**3**
4	**4** Treffpunkt?	**4**	**4** Treffpunkt?
5	**5**	**5**	**5**

A	B	A	B
1 Spazieren?	**1**	**1** Angeln?	**1**
2	**2** Spazieren. Wann?	**2**	**2** Angeln. Wann?
3 Heute, 4.00	**3**	**3** Morgen, 3.00	**3**
4	**4** Treffpunkt?	**4**	**4** Treffpunkt?
5	**5**	**5**	**5**

A	B	A	B
1 Einkaufen?	**1**	**1** Tanzen?	**1**
2	**2** Einkaufen. Wann?	**2**	**2** Tanzen. Wann?
3 Heute, 10.00	**3**	**3** Heute abend, 9.00	**3**
4	**4** Treffpunkt?	**4**	**4** Treffpunkt?
5	**5**	**5**	**5**

A	B	A	B
1 Schach?	**1**	**1** Kino?	**1**
2	**2** Schach. Wann?	**2**	**2** Kino. Wann?
3 Morgen, 11.00	**3**	**3** Heute abend, 7.00	**3**
4	**4** Treffpunkt?	**4**	**4** Treffpunkt?
5	**5**	**5**	**5**

Brenner

Lorenz

Bauer

Schwindling

Matter

Palz

Diener

Knerr

Weber

Kammer

Michler

Fischer

Deutsch Heute 2 © Duncan Sidwell and Penny Capoore 1991. Published by Thomas Nelson and Sons Ltd.

Deutsch Heute 2 © Duncan Sidwell and Penny Capoore 1991. Published by Thomas Nelson and Sons Ltd.

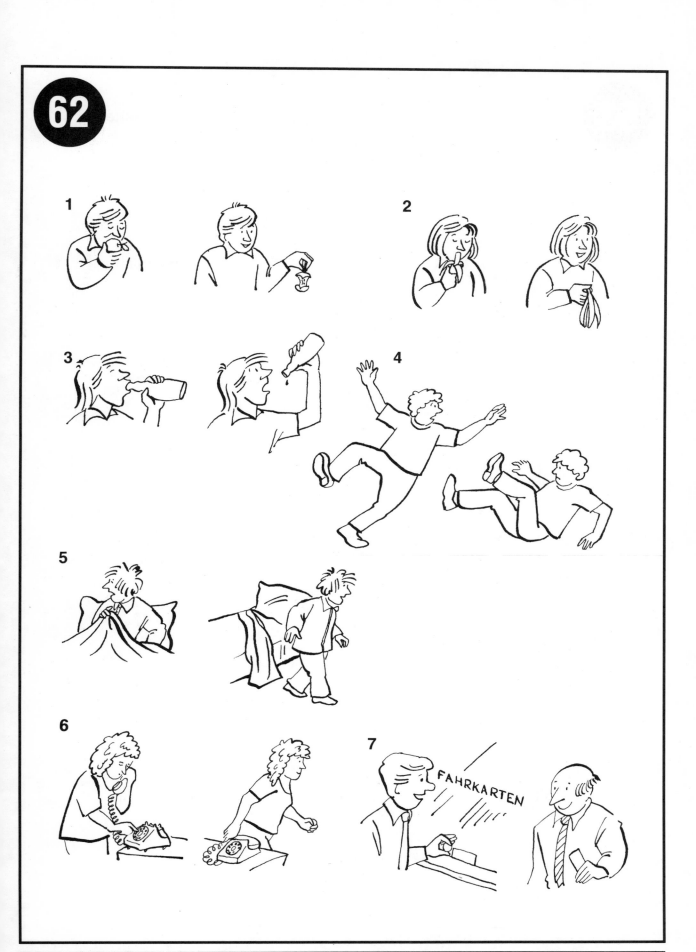

Hör zu und zeichne die richtigen Symbole auf den zwei Landkarten!

a

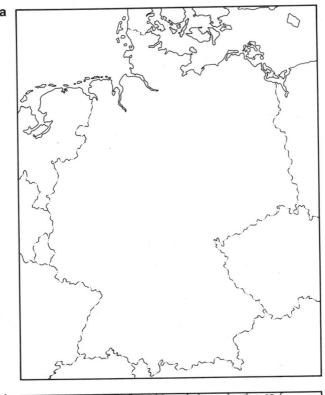

Die Symbole

6° − 3°

←———⌐ ←———╜
leicht   mäßig

←———╱╱╱
stark

∗ ∗
frost

b

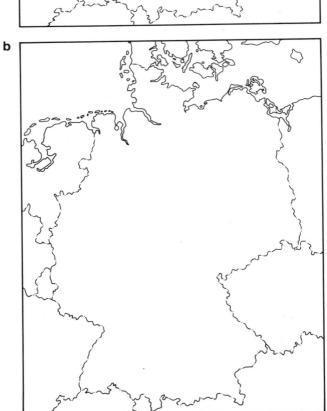

Deutsch Heute 2 © Duncan Sidwell and Penny Capoore 1991. Published by Thomas Nelson and Sons Ltd.